1963 - Ein ganz außergewöhnliches Jahr!

1963 ist ein besonderes Jahr: Neben Whitney Houston, Johnny Depp oder Eros Ramazotti erblicken 1963 auch zahlreiche weitere Prominente das Licht der Welt.

Deshalb stellt sich die Frage,

wer ist die beliebteste und bedeutendste Person, die 1963 geboren wurde?

A	*Helen Hunt*
B	*Brigitte Nielssen*
C	

😊 *Auflösung auf der nächsten Seite* 😊

Die beliebteste und bedeutendste Person, die 1963 geboren wurde ist:

Inhalt

Das Jahr 1963

Lesen Sie hier einen Überblick über wichtige Ereignisse des Jahres 1963 und ergänzen Sie die leeren Zeilen mit den richtigen Worten:

Als am 22. November 1963 die Nachricht von der ________ des US-Präsidenten John F. ________ um die Welt geht, sind viele Menschen in Ost und West erschüttert. Sie sehen die begonnene weltweite __________, die eng mit Kennedy und dem sowjetischen Partei- und Regierungschef Nikita S. _________ verbunden war, wieder gefährdet. In der BRD ist Kennedys Besuch in ________ im Juni des Jahres ein großer Erfolg. Seine Rede mit dem Satz: „Ich bin ein _______“ ist bis heute bekannt. Nach langem Zögern entscheidet sich Bundeskanzler Konrad ________ zu seinem Rücktritt. Die Wirtschaft der BRD im Jahr 1963 ist gekennzeichnet durch ein anhaltendes __________. Für die Arbeitnehmer bedeutet das Arbeitszeit-__________ und Lohn-__________ . Sportliche Höhepunkte sind der Gewinn des Weltmeistertitels im __________ durch das deutsche Paar Marika Kilius und Hans-Jürgen _________. Für die Fußballfreunde ist die Einführung der ________ im August ein Ereignis. Weltweites Interesse erlangen __________, die bei einem Überfall umgerechnet 30 Millionen DM erbeuten.

Auflösung auf Seite 65

Kinostars 1963

1963 kommen einige Filmklassiker in die Kinos. Erkennen Sie die Schauspielerinnen und vielleicht sogar den Film?

Auflösung Seite 65

Kennen Sie Ihre Charaktereigenschaften?

Wer im Jahr 1963 das Licht der Welt erblickte, ist im chinesischen Sternzeichen des **Hasen** geboren. Kennen Sie die Charaktereigenschaften einer Hasen-Geborenen?

1. Wie bezeichnet man Menschen, die im Jahr des Hasen geboren sind?

- **A** als Pechvögel
- **B** als Glückskinder
- **C** als Draufgänger

2. Wie steht die Hase-Frau zum Thema streiten?

- **A** Sie liebt die Konfrontation und streitet für ihr Leben gern
- **B** Sie mag es ruhig und geht nach Möglichkeit jedem Streit aus dem Weg
- **C** Wenn man sie reizt wird sie leicht persönlich und schlägt zurück

3. Was sind typische Charaktereigenschaften der Hase-Frau?

- **A** hilfsbereit, geduldig, höflich
- **B** forsch, direkt, nachtragend
- **C** unorganisiert, ungeduldig, verantwortungslos

Auflösung samt Horoskop auf der nächsten Seite.

Das Charakterbild der Hase-Frau im chinesischen Horoskop:

Der Hase gilt als Glückssymbol und Frauen, die im Jahr des Hasen geboren sind, bezeichnet man auch oft als **Glückskinder. (1: B)** Eine Frau, die im chinesischen Sternzeichen des Hasen geboren ist, verfügt über einen sehr liebenswürdigen Charakter.

Sie ist sanft und **geduldig (3: A)** und beeindruckt durch ihre Fürsorglichkeit und Freundlichkeit. Dabei agiert sie immer zurückhaltend und diplomatisch.

Die Hase-Frau ist stets wachsam und **verantwortungsvoll.** Hinter ihrem ruhigen Wesen verbirgt sich eine ordentliche Portion Verhandlungsgeschick und Geschäftstüchtigkeit. Die Hase-Frau schmeichelt ihrem Gegenüber mit ihrer freundlichen Art und zaubert den Personen um sie herum gerne ein Lächeln ins Gesicht. Die im Zeichen des Hasen geborene Frau behandelt Menschen immer **höflich (3: A)** und tritt stets aufrichtig und daher glaubwürdig auf.

Außerdem zeichnet sich die Hase-Frau durch ein hohes Maß an Loyalität und Ehrlichkeit aus. Steht sie vor Herausforderungen, ist sie niemals mutlos, sondern bemüht sich beharrlich um eine Lösung des Problems.

Die im Sternzeichen des Hasen Geborene gilt als **Organisationstalent** und hat zudem zwei geschickte Hände. Da sie besonders kreativ veranlagt ist, liegt ihr zum Beispiel die Malerei, das Schneidern oder das Kochen. Auch Berufe, in denen sie anderen helfen kann, sind besonders geeignet.

Die Hase-Frau mag es lieber ruhiger und **geht nach Möglichkeit Streit aus dem Weg. (2: B)** Auch in der Beziehung leidet sie mit dem Partner mit, wenn dieser ein Problem hat. Die Hase-Frau ist eine sanfte Liebhaberin, die Stabilität in der Familie braucht und Einsamkeit verabscheut.

Sie freut sich, wenn sie das Gefühl bekommt, gebraucht zu werden. Sind Familie und Freunde glücklich, ist auch die Hase-Frau zufrieden.

Im chinesischen Sternzeichen des Hase Geborene sind immer hilfsbereit.

Mode im Jahr 1963

Lesen Sie die Modetrends des Jahres 1963 und ergänzen Sie die Lücken mit den richtigen Worten:

Den _____ Frühjahrs- und Sommerkollektionen 1963 ist anzumerken, wie unsicher die Haute _______ geworden ist. Kein _______ hat den Mut, eine Wandlung herbeizuführen. Bequemlichkeit hat über ausgefallene Schöpfungen gesiegt. _______ Modelle sind in allen Kollektionen zu finden. Die von den beiden Konkurrenten Yves ____ _____ und Marc _____ (Dior) schon im Vorjahr gezeigten Kleider im Pullover-Stil sind nach wie vor angesagt. Da diese ______ sehr streng wirken, sind viele ________ zu sehen: Lässig umgeknotete weiße Organdy-Schals, angesteckte weiße Kamelien sowie weiße Maiglöckchensträuße. Die neuen Farben der Saison sind _____, Babyrosa, Himbeer und Mandelgrün. Zu einem Modehit avancieren im Sommer Kleider und Blusen aus Stoffen des syntheischen Materials _____. Die angepriesenen Eigenschaften sind leicht, luft-_______, schnell zu ______, rasch zu trocknen und _______ . *(Auflösung auf Seite 65)*

1963 als Kreuzworträtsel

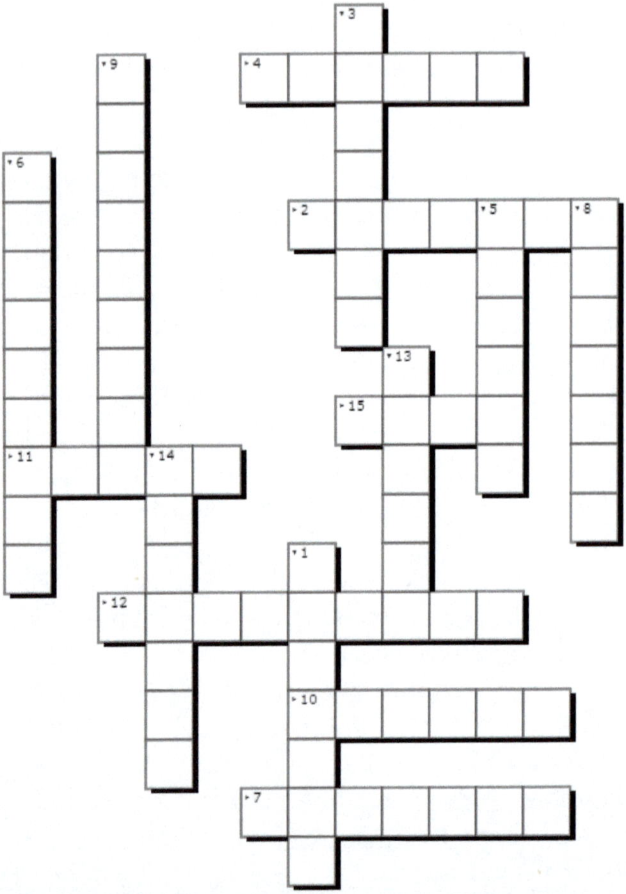

1. Nachname griechischer Reeder; 2. Britische Popgruppe; 3. Nachname 35. US-Präsident; 4. Nachname männlicher deutscher Schlagerstar; 5. Nachname deutscher Komiker; 6. Kino-Horrorklassiker; 7. Weswegen wurde Sofia Loren angeklagt?; 8. Anzahl der Stunden beim Twist-Tanzweltrekord; 9. Bisher längster und teuerster Kinofilm; 10. Name einer Ex-Kaiserin; 11. Nachname des Autors von „Die Hundejahre"; 12. Unabhängige Stiftung, die Produkte testet; 13. Beliebtester weiblicher Vorname; 14. Nachname eines US-Stars, dessen Sohn entführt wurde; 15. Chin. Tierkreiszeichen. *(Lösung auf Seite 65)*

Das Jahr 1963 in Bildern

Welche Ereignisse aus dem Jahr 1963 sind hier abgebildet? *(Lösung auf der nächsten Seite)*

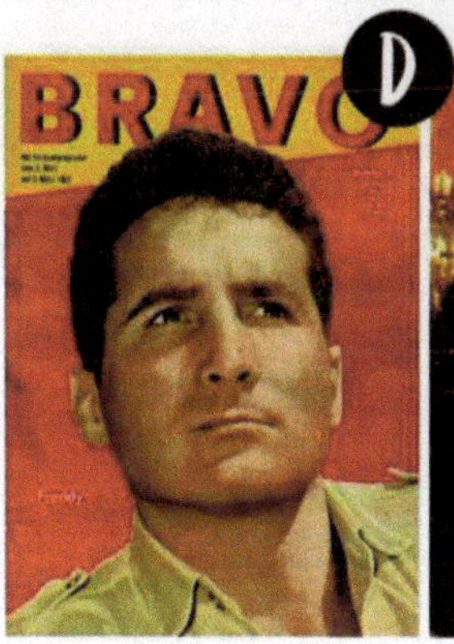

Das Jahr 1963 in Bildern - Auflösung

A: Der am 22. November ermordete US-Präsident *John Fitzgerald Kennedy* wird auf dem Heldenfriedhof Arlington bei Washington zu Grabe getragen. Das Bild zeigt Jacqueline Kennedy, die Witwe des Präsidenten, mit ihren Kindern Caroline und John auf dem Weg zur St. Matthews-Kathedrale, wo die Totenmesse für John F. Kennedy zelebriert wird. Jusitizminister Robert F. Kennedy folgt ihnen.

B: Das Bild zeigt **Marika Kilius** und **Hans-Jürgen Bäumler.** Die beiden gewinnen bei den Eiskunstlaufweltmeisterschaften den Titel.

C: Der britische Monumentalfilm **„Lawrence von Arabien"** wird mit sieben Oscars ausgezeichnet. Im Bild Peter O'Toole und Omar Sharif.

D: **Freddy Quinn** hält mit seinem Lied **„Junge, komm bald wieder"** wochenlang Platz eins in den Schlagerparaden. Quinn schlägt sich zuvor lange Zeit als Musiker in einem Wanderzirkus sowie als Schiffsjunge durchs Leben.

E: Am 21. Juni wählt in Rom das Konklave der Kardinäle den Erzbischof von Mailand und früheren Prostaatssekretär, den 66-jährigen Giovanni Battista Montini als **Paul VI.** zum 262. Papst.

Wortsuche prominente Geburtstage 1963

1963 erblicken viele Prominente das Licht der Welt. Suchen Sie die Vor- und Nachnamen folgender Promis im Buchstabensalat unten (Leserichtungen von oben nach unten und von links nach rechts).

Karl Lauterbach
Brad Pitt
Whitney Houston
Markus Wasmeier
Eros Ramazzotti
Helen Hunt

Y	H	S	I	Y	G	L	C	Q	R	B	G	B	K	R
O	Z	H	D	V	W	N	S	F	F	C	R	D	G	W
C	G	F	U	Q	V	J	I	U	K	V	O	P	G	X
E	D	P	Y	X	G	S	U	K	F	Z	W	X	L	A
R	C	I	Y	H	O	U	S	T	O	N	B	R	A	D
A	D	A	H	N	J	N	K	A	R	L	X	W	B	W
M	F	F	F	P	G	I	U	M	F	G	G	A	S	A
A	B	R	C	Y	K	A	W	J	V	P	Z	S	K	U
Z	C	S	L	D	O	Z	U	X	X	B	I	M	B	V
Z	G	L	A	U	T	E	R	B	A	C	H	E	X	M
O	M	F	D	J	W	H	E	L	E	N	B	I	O	A
T	X	K	N	B	H	O	Q	F	I	S	Q	E	S	R
T	N	G	M	X	I	O	T	U	N	Y	G	R	V	K
I	Y	R	C	U	T	H	G	K	W	E	Y	I	E	U
H	A	N	N	V	N	Q	W	E	P	R	N	Q	C	S
U	J	X	I	O	E	Q	L	Q	S	O	P	L	P	I
N	I	B	G	T	Y	B	X	U	S	S	A	E	U	N
T	K	D	F	G	P	I	T	T	D	Y	H	X	T	Y
E	K	D	J	P	F	L	E	F	J	T	F	F	K	U
O	O	P	F	F	G	N	O	X	H	K	H	U	M	C

Auflösung auf Seite 66

Buchstabensalat beliebteste Mädchen-Vornamen 1963

Unten sehen Sie die Reihung der im Jahr 1963 beliebtesten Mädchen-Vornamen. Ordnen Sie die verdrehten Buchstaben so, dass daraus jeweils ein Mädchen-Vorname wird.

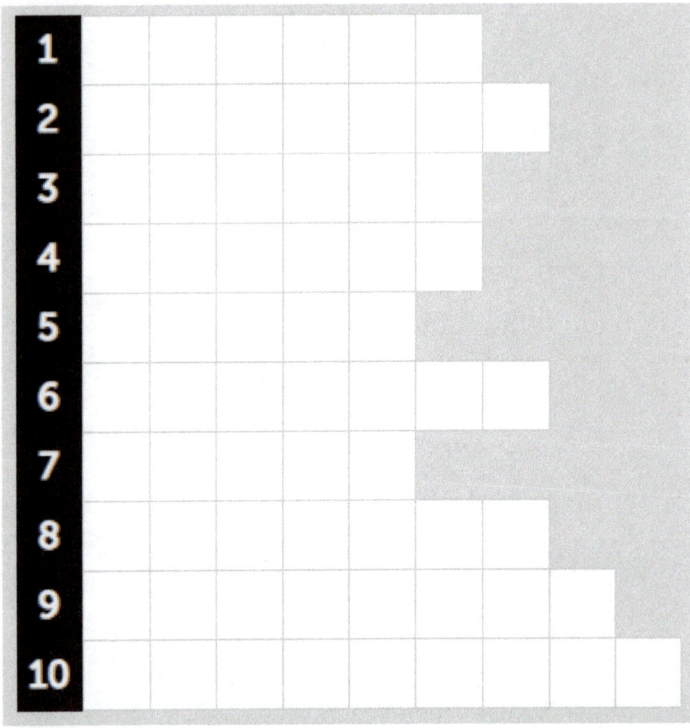

1: esianb / 2: ssunean / 3: randae / 4: rbgiti / 5: paert / 6: minatra / 7: ekeih / 8: uicdaal / 9: ibeeglar / 10: eictnhsir

Auflösung auf Seite 66

Musik im Jahr 1963

Im Jahr 1963 begeistern sowohl englische Songs als auch deutsche Schlager das Musikpublikum. Wissen Sie noch, welche Bands bzw. Lieder angesagt waren?

1. Welche britische Kultband landet 1963 ihren ersten Hit?

- **A** Beatles
- **B** Rolling Stones
- **C** The Fortunes

2. Was war der erfolgreichste deutsche Schlager des Jahres 1963?

- **A** Junge, komm bald wieder von Freddy Quinn
- **B** Der Junge mit der Mundharmonika von Bernd Clüver
- **C** Rote Rosen von Freddy Breck

3. Welchen Schlager sang Gitte im Jahr 1963?

- **A** Die Nacht ist mein
- **B** Ich will nen Cowboy als Mann
- **C** Schuld war nur der Bossa Nova

Lösung auf der nächsten Seite

Musik im Jahr 1963 – Antworten

1. Welche britische Kultband landet 1963 ihren ersten Hit?

A: Beatles: Die vier Musiker aus Liverpool, landen mit ihrem Song *„She loves you“* ihren ersten Superhit. Innerhalb eines Monats wird der Titel in Großbritannien weit über eine Million Mal verkauft und bringt der Band die erste goldene Schallplatte ein. Das über 12 Mio. Mal auf Youtube geklickte Video vom Song *„She loves you“* ist unter folgendem Link oder QR-Code anzusehen: **https://bit.ly/beatles-1963**

2. Was war der erfolgreichste deutsche Schlager des Jahres 1963?

A: Junge, komm bald wieder, von Freddy Quinn. Das über 7 Mio. Mal geklickte Youtube-Video zum Song aus dem Jahr 1963 gibt es unter diesem Link bzw. QR-Code zu sehen: **https://bit.ly/Freddy-1963**

3. Welchen Schlager sang Gitte im Jahr 1963?

B: Ich will `nen, Cowboy als Mann. Das Lied *„Schuld war nur der Bossa Nova“* sang Manuela. Den Song: *„Die Nacht ist mein“* sang Connie Francis.

Fernsehen im Jahr 1963

Anfang 1953 nahm der Nordwestdeutsche Rundfunk in Hamburg den Sendebetrieb auf - zunächst für drei Stunden täglich. Schnell entwickelte sich das Fernsehen zum Massenmedium. Wissen Sie noch, was in Ihrem Geburtsjahr im TV lief?

1. Welcher TV-Sender ging am 1. April 1963 erstmals auf Sendung?

- **A** ZDF
- **B** RTL
- **C** Arte

2. Wie heißen die Zeichentrickfiguren, die seit 1963 im ZDF zwischen den Werbefilmen zu sehen sind?

- **A** Barbababa
- **B** Mainzelmännchen
- **C** Teletubbies

3. 1963 wurde erstmals ein 18-minütiger Sketch im TV gesendet, der heute noch zu Silvester beliebt ist. Wie heißt der Sketch?

- **A** "Die Nudelkrise" von Loriot
- **B** Dick und Doof im Krankenhaus
- **C** Dinner for one

Auflösung auf nächster Seite

Fernsehen im Jahr 1963 – Antworten

1. Welcher TV-Sender ging am 1. April 1963 erstmals auf Sendung?

A: Unter dem Motto *„Am Ersten das Zweite"* beginnt das **ZDF** mit der Ausstrahlung eines Konkurrenzprogramms zum (Ersten) Deutschen Fernsehen der ARD. Zuvor hat die neue Fernsehanstalt nachts schon Versuchssendungen über den Sender Feldberg im Taunus ausgestrahlt.

2. Wie heißen die Zeichentrickfiguren, die seit 1963 im ZDF zwischen den Werbefilmen zu sehen sind?

B: 1963 waren die **Mainzelmännchen** erstmals im ZDF zu sehen. Seitdem sind sie dort zuhause und dienen auch heute noch als Werbetrenner und Maskottchen des Senders.

3. 1963 wurde erstmals ein 18-minütiger Sketch im TV gesendet, der heute noch zu Silvester beliebt ist. Wie heißt der Sketch?

C: Ein Butler, eine Lady, viel Alkohol und ein Tigerfell: Das ist **„Dinner for One"**. Aufgezeichnet wurde der Sketch im Mai 1963 im legendären Studio B beim NDR in Hamburg. 1972 erstmals zu Silvester gesendet, gehört der Sketch zum Jahreswechsel dazu wie Bleigießen, Sekt und Feuerwerk. Unten Link und QR-Code zur Originalaufnahme aus 1963.

https://bit.ly/dinner-for-one-1963

Internationales aus dem Jahr 1963

Insbesondere in den USA war das Jahr 1963 von besonderen Ereignissen geprägt. Können Sie sich noch erinnern?

1. Am 22. November 1963 wurde US-Präsident John F. Kennedy in Dallas getötet. In welchem Bundesstaat liegt die Stadt Dallas?

- **A** New Mexiko
- **B** Texas
- **C** Louisiana

2. Am 28. August 1963 hielt er seine Rede: "I have a dream". Wie hieß der amerikanische Bürgerrechtler?

- **A** John Lewis
- **B** Martin Luther King
- **C** Nelson Mandela

3. Welches berühmte amerikanische Gefängnis wurde 1963 geschlossen?

- **A** San Quentin
- **B** Guantanamo
- **C** Alcatraz

Lösung auf der nächsten Seite

Internationales aus dem Jahr 1963 – Antworten

1. Am 22. November 1963 wurde US-Präsident John F. Kennedy in Dallas getötet. In welchem Bundesstaat liegt die Stadt Dallas?

B: Texas. Die rund 15-minütige Dokumentation: *„ZDF History Die Geheimnisse der Jackie Kennedy Doku über Jacky Kennedy Teil 1“* ist auf Youtube unter folgendem Link bzw. QR-Code zu sehen:

https://bit.ly/doku-jackie

2. Am 28. August 1963 hielt er seine Rede: "I have a dream". Wie hieß der amerikanische Bürgerrechtler?

B: Der Bürgerrechtler **Martin Luther King** kämpfte friedlich gegen die Rassentrennung in den USA. Bis heute ist seine Rede **„I have a dream“** weltweit bekannt. Vor 50 Jahren, am 4. April 1968, wird Martin Luther King ermordet.

3. Welches berühmte amerikanische Gefängnis wurde 1963 geschlossen?

C: Alcatraz, „The Rock“ oder auch „America's Devil Island“ ist berüchtigt und sorgte während seiner Nutzung als Hochsicherheitsgefängnis mehr als einmal für Schauergeschichten. Nicht umsonst gilt Alcatraz als Vorbild für das berüchtigte Zauberergefängnis Azkaban, das sicherlich vielen aus der Welt um Harry Potter bekannt ist. Heute ist Alcatraz eine der bekanntesten Sehenswürdigkeiten in San Francisco.

Kino im Jahr 1963

Im Jahr 1963 kamen einige Filmklassiker in die Kinos. Können Sie die Fragen beantworten?

1. Wie heißt der Regisseur des Filmklassikers "Die Vögel?"

- **A** Francis Ford Coppola
- **B** Quentin Tarantino
- **C** Alfred Hitchcock

2. 1963 kommt der zweite James-Bond-Film in die Kinos? Wie lautet der Filmtitel?

- **A** Liebesgrüße aus Moskau
- **B** Ein Quantum Trost
- **C** Stirb an einem anderen Tag

3. Sexuelle Darstellungen machten "Das Schweigen" von Ingmar Bergmann zum Skandalfilm des Jahres. Aus welchem Land stammen Film und Regisseur?

- **A** Deutschland
- **B** Schweden
- **C** Dänemark

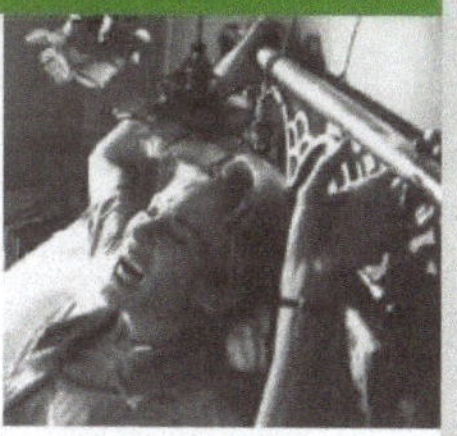

Lösung auf der nächsten Seite

Kino im Jahr 1963 - Antworten

1. Wie heißt der Regisseur des Filmklassikers "Die Vögel?"

C: Mit dem Film *„Die Vögel“* erreicht **Alfred Hitchcocks** Kunst der Verkehrung alltäglich und harmlos erscheinender Dinge zu Elementen äußerster Bedrohung ihre spektakulärste Ausformung. Aus ungeklärten Gründen greifen Vogelschwärme ein Haus in dem idyllischen Küstenstädtchen Bodega Bay an und töten dabei sogar einen Menschen.

2. 1963 kommt der zweite James-Bond-Film in die Kinos? Wie lautet der Filmtitel?

A: Liebesgrüße aus Moskau (Originaltitel: From Russia with Love) ist die Verfilmung des gleichnamigen Romans von Ian Fleming und der zweite James-Bond-Film, der auf Flemings Werken basiert. Der Film kommt 1963 in die Kinos und wird von Kritikern als einer der besten Bond-Filme angesehen; auch der Hauptdarsteller Sean Connery sah es so.

3. Sexuelle Darstellungen machten "Das Schweigen" von Ingmar Bergmann zum Skandalfilm des Jahres. Aus welchem Land stammen Film und Regisseur?

B: Schweden. Der Film ist ein in Schwarzweiß gedrehtes schwedisches Filmdrama und führte wegen der für die Entstehungszeit offenen Darstellung sexueller Handlungen zu einem der größten Filmskandale der 1960er Jahre und löste eine breite Zensurdebatte aus.

Finden Sie den Ausweg

Sie sehen rechts zwei identische Labyrinthe. Drehen Sie das Buch um 90 Grad. Das obere Labyrinth ist ohne Hilfspfeile und somit etwas schwerer zu lösen, das untere beeinhaltet Hilfspfeile für den richtigen Weg aus dem Labyrinth und ist daher etwas leichter.

Nehmen Sie einen Stift und zeichnen Sie den richtigen Weg vom Start links unten zum Ausgang rechts unten. Wenn Sie den richtigen Weg mit einem durchgängigen Strich eingezeichnet haben, ergibt sich daraus auch ein Wort und eine vierstellige Zahlenfolge. Wie lauten diese? *(Lösung auf Seite 66)*

1973 – als Sie 10 Jahre alt waren – im Überblick

Das Jahr 1973 führt die westlichen Industrienationen von der Hochkonjunktur in eine wirtschaftliche Talsohle. Die islamischen Staaten schränken ihre Erdöllieferungen ein, die Heizölpreise verdoppeln sich. In den meisten westlichen Ländern wird an mehreren Sonntagen ein Auto-Fahrverbot verhängt.

Um ihre Währungen zu stabilisieren lösen sich die EG-Länder vom US-Dollar als Leitwährung und lösen das seit 1944 geltende Weltwährungsystem ab, das auf der Goldparität beruhte. Die USA ziehen sich aus Vietnam zurück und US-Präsident Richard M. Nixon gerät durch den Wategate-Skandal immer mehr in den Verdacht der Misswirtschaft.

Der Grundlagenvertrag zwischen der BRD und der DDR tritt in Kraft. Er schafft menschliche Erleichterungen. Im September werden beide deutsche Staaten in die Vereinten Nationen aufgenommen.

Im Juli tagt erstmals die Konferenz für Sicherheit und Zusammenarbeit in Europa (KSZE) und schafft den Rahmen für multinationale Entspannungsbemühungen. Die Welt der Kunst beklagt den Tod von Pablo Picasso. Er stirbt im Alter von 91 Jahren auf seinem Altersruhesitz an der Còte d`Azur in Südfrankreich.

Das Jahr 1973 in Bildern

Welche Ereignisse aus dem Jahr 1973 sind hier abgebildet? *(Lösung auf der nächsten Seite)*

Das Jahr 1973 in Bildern - Auflösung

A: Heidi Klum wird am 01. Juni 1973 in Bergisch Gladbach geboren. Sie startet ihre Karriere 1992 mit dem Sieg beim Wettbewerb Model '92, der in der Late-Night-Show von Thomas Gottschalk veranstaltet wurde.

B: Die Anti-Familienserie „Ein Herz und eine Seele“ läuft im Dritten Programm des WDR mit Riesenerfolg. Alfred Tetzlaff, die Verkörperung des Spießbürgers, wettert gegen „Sozis“, Ausländer und den Verfall der guten Sitten. Im Bild: Ekel Alfred (Heinz Schubert, 3. v.l.) mit Schwiegersohn (Diether Krebs), Else (Elisabeth Wiedemann, 2. v. l.) und Tochter (Hildegard Krekel).

C: Am 19. 09. 1973 erfolgt die Krönung des neuen Königs von Schweden, Karl Gustav XVI.

D: Am 8. Januar 1973 flimmert die erste Folge der Kinderserie „Sesamstraße“ über den Bildschirm. Das Original kam aus den USA, hieß Sesame Street und richtete sich an sozial benachteiligte amerikanische Kinder.

E: Bereits kurze Zeit nach seiner Uraufführung wird der Film „Der Exorzist“ einer der bisher größten Kinoerfolge. Der Film beschreibt wie die vom Teufel besessene Tochter einer Schauspielerin durch Exorzismus geheilt wird. Regisseur Friedkin inszeniert ein solches Ausmaß von Brutalität und Schockeffekten, dass Psychologen junge Menschen vor dem Besuch des Films warnen.

Wortsuche zum Jahr 1973

Wie beschrieben, war das Jahr 1973 ein bewegtes Jahr. Suchen Sie die folgenden Schlagwörter zum Jahr 1973 unten (Leserichtungen von oben nach unten und von links nach rechts).

Erdoelkrise	Heizoelpreis
Goldstandard	Vietnam
Watergate	Picasso
KSZE	Grundlagenvertrag

T	Q	G	V	D	Z	W	E	N	J	H	I	F	H	P
Y	U	X	E	A	Z	S	D	B	D	D	Z	M	J	E
L	N	H	S	A	W	U	B	A	T	X	V	U	R	N
G	F	L	P	P	T	F	Q	C	H	W	Q	P	G	R
R	E	T	T	E	R	D	O	E	L	K	R	I	S	E
U	D	R	Z	H	V	I	E	T	N	A	M	J	G	S
N	H	V	C	W	C	W	P	I	C	A	S	S	O	Z
D	I	C	M	Q	S	H	V	I	X	R	F	J	L	M
L	U	C	E	D	K	Y	Y	U	G	B	M	F	D	B
A	O	V	B	J	J	M	P	A	Q	J	P	P	S	T
G	R	T	W	R	Q	N	C	W	Z	S	K	R	T	S
E	U	A	Y	G	Z	P	P	R	N	F	S	F	A	Y
N	W	A	T	E	R	G	A	T	E	E	Z	H	N	J
V	R	Z	N	J	S	V	K	Y	K	D	E	D	D	Q
E	P	D	I	U	C	M	H	S	Y	F	Q	Z	A	O
R	K	F	A	Y	G	F	K	J	J	C	D	S	R	Y
T	H	E	I	Z	O	E	L	P	R	E	I	S	D	X
R	N	N	D	O	L	K	Z	J	L	J	Z	D	A	C
A	L	R	W	N	E	J	U	A	Z	J	X	J	S	U
G	K	H	U	U	Q	M	B	D	X	T	X	C	R	S

Auflösung auf Seite 67

Als Sie 10 Jahre alt waren
Die Mode im Jahr 1973

Lesen Sie den Text zur Mode im Jahr 1973 und ergänzen Sie die Lücken mit den richtigen Worten:

1973 kehrt die Frau wieder zur _______ zurück, nachdem sie Maxi, Midi und Hot _____ bereits ausprobiert hatte. Auch für die Herbst- und Wintermode heißt es: „Man zeigt wieder mehr _____“, wenngleich es keine Superminis mehr sind, sondern die Röcke zehn _____ oberhalb der ____ enden. Sportlich sind minikurze Kilts, zu denen junge Mädchen ____-strümpfe als schick und _____ empfinden. Allerdings wird oft vergeblich geraten, sie nur zu sportlichen Schuhen und nicht zu den beliebten Fesselriemchen Schuhen, hochhackigen _____ und _______-Sandalen zu tragen. Neben dem Mini ist die lange _____ angesagt. Sie sorgt weiterhin für Schlagzeilen, ist sie doch unten stark _______, also mit „Schlag“ gearbeitet. Für Herbst und Winter setzt sich die Farbe _________ durch, die sich gut mit dem klassischen Kamelton kombinieren lässt. Die wichtigste Modephilosophie des Jahres ist Unkompliziertheit. Alles muss _____ sein. *(Lösung S. 67)*

Musik im Jahr 1973

Im Jahr 1973 gibt es einen bunten Musikmix. Wissen Sie noch, wer und was angesagt waren?

1. Mit welchem Song schafft Bernd Clüver 1973 den Durchbruch?

- **A** Ein Lied zieht hinaus in die Welt
- **B** Der Junge mit der Mundharmonika
- **C** Deine Spuren im Sand

2. Welche Band ist 1973 mit "Mama Loo" in den Charts?

- **A** Les Humphries Singers
- **B** Deep Purple
- **C** Boney M.

SongChart

3. Wer moderierte im Jahr 1973 die ZDF Hitparade?

- **A** Ilja Richter
- **B** Dieter Thomas Heck
- **C** Viktor Worms

Auflösung auf nächster Seite

Musik im Jahr 1973 - Antworten

1. Mit welchem Song schafft Bernd Clüver 1973 den Durchbruch?

B: Am 20. Januar 1973 stellt **Bernd Clüver** in der ZDF-Hitparade das Lied **„Der Junge mit der Mundharmonika“** vor, mit dem ihm sein erster Nummer-eins-Hit gelingt. Bis 1974 verkauft sich die Single über eine Million Mal in Deutschland sowie zwei Millionen Mal weltweit. Hier der Link bzw. QR-Code zum über 6,5 Mio Mal geklickten Youtube-Video von seinem Auftritt in der ZDF-Hitparade vom 20.01.1973:

https://bit.ly/bernd-cluever-1973

2. Welche Band ist 1973 mit "Mama Loo" in den Charts?

A: Les Humphries Singers. In dieser Zeit ist die bis zu 16 Mitglieder starke, multiethnische, als hippie-bunter Pop-Gospel-Chor auftretende Gesangsgruppe in deutschen Radios und im Fernsehen geradezu dauerpräsent. Hier der Link bzw. QR-Code zum über 1,2 Mio. Mal geklickten Youtube-Video von *„Mama Loo“* in der ZDF-Disco vom 03.02.1973.

https://bit.ly/mama-loo-1973

3. Wer moderierte im Jahr 1973 die ZDF Hitparade?

B: Dieter Thomas Heck (1969 - 1984); Viktor Worms (1985 - 1989); Uwe Hübner (1990 - 2000)

1973 als Kreuzworträtsel

1. Deutsches Supermodel; 2. Erfolgreichste Kindersendung; 3. Nachname deutscher Schlagerstar; 4. Erfolgreicher Jugendroman; 5. Nachname Schwedischer König; 6. Horrorfilmklassiker; 7. Beliebtester Mädchenname; 8. Kleidungsstück; 9. Chin. Tierkreiszeichen; 10. Ereignis, das so erst wieder 2150 eintritt; 11. Nachname Friedensnobelpreisträger; 12. Hauptdarsteller in „Der Pate"; 13. Exotische Frucht. *(Lösung auf Seite 67)*

1983 – als Sie 20 Jahre alt waren – im Überblick

Das Jahr 1983 wird von gleichen Teilen von der sich weiterdrehenden Rüstungsspirale und dem Erstarken der Friedensbewegung bestimmt. Im März wird die Regierung Helmut Kohl wiedergewählt, genauso wie US-Präsident Ronald Reagan und die britische Regierung der „eisernen Lady" Margaret Thatcher.

Mit dem Einzug der Grünen ins Parlament schafft sich die ökologische Bewegung erstmals auf bundespolitischer Ebene ein Sprachrohr.

Der Afghanistan-Krieg geht ins vierte Jahr, der Golfkrieg ins dritte, die USA besetzen Grenada und die Sowjetunion schießt einen südkoreanischen Jumbo-Jet ab.

In München geht die erste bleifrei Zapfsäule Europas und auf der Nordseeinsel Pellworm das größte europäische Sonnenkraftwerk in Betrieb.

Der Film „Gandhi" räumt acht Oscars ab, im deutschen TV läuft erstmals „Denver Clan" und das Album „Thriller" von Michael Jackson wird zum erfolgreichsten Album aller Zeiten.

Die „Aerobic-Welle" schwappt auf Deutschland über. Ende Juni üben sich bereits über 1,5 Mio. Deutsche im Bewegungstraining aus Amerika.

Wortsuche zum Jahr 1983

1983 ist einiges passiert. Suchen Sie die folgenden Wörter zum Jahr 1983 unten (Leserichtungen von oben nach unten und von links nach rechts).

Ruestungsspirale	Friedensbewegung
Gruene	Golfkrieg
Sonnenkraftwerk	Gandhi
Denverclan	Thriller

D T F B R P

A H C V R V A M G C

F Q U T X E I Z T C A N M R

M A R D Y R J E P L L N Y K U S

W W W U F X D D G G G D Z V E X

T L Q R E F K S E R S M H T R S N Y

D F D S Q H I N N U O A I G B T S D

F T H R I L L E R S E N H T G N U B H Y

T H K R D O A H B B N N Y B K V N D L I

P K Q N E D S X H E E E B O E Z G J O U

W T R S N W T R S W G N R Q Z L S L U Q

W V M Q V V Z U N E O K J C J A S H W K

U M V Y E L V F Y G L R I D D M P Z P O

D R S R M G F Q U F A K P W J I I H

U G N C L O S K N K F Y D M H R C U

W C L S Y C N G R T K Y R W A K

M C A Z M F F P I W G M I F L J

W N T Y G V I E E Y E X R E

V E Y F B G R K G A

M C H I K G

Auflösung auf Seite 67

Als Sie 20 Jahre alt waren
Die Mode im Jahr 1983

Lesen Sie den Text zum Modejahr 1983 und ergänzen Sie die Lücken mit den richtigen Worten:

Oversize und breite ______ sind die gemeinsamen Nenner der sehr vielseitigen Mode des Jahres 1983. ______-polster, die große Puffärmel überdimensional erscheinen lassen, haben Hochkonjunktur. Die erwünschte ______-betonung geben bis zu 30 cm breite ______- oder Miedergürtel aus ______. Die Mäntel wirken übergroß und kastig. Der _____- mantel ist Statussymbol, dabei werden Fuchs und _____ bevorzugt. Schwarz und _____ herrschen in vielen Schattierungen vor. Daneben behauptet sich als Farbe im Sommer _____, beeinflusst durch den „Gandhi-Film“. Als Frisur kommen nur _____, wirr toupierte Haare à la Punk in Frage. Ganz Mutige lassen eine _____ blau oder grün einfärben. Dazu ein Herrenhut, wie bei Rocksänger Boy _____, keck in den ______ geschoben. *(Lösung Seite 68)*

Das Jahr 1983 in Bildern

Welche Ereignisse aus dem Jahr 1983 sind hier abgebildet? *(Lösung auf der nächsten Seite)*

Das Jahr 1983 in Bildern - Auflösung

A: Die englische Sängerin und Songwriterin Amy Jade Winehouse wird am 16. September 1983 in London geboren. Die extravagante Künstlerin wird nicht nur wegen ihres unverwechselbaren Musikstils auf Basis des Souls der Sixties und ihrer charakteristischen Stimme bekannt, sondern auch durch ihren markanten Look mit der aufgetürmten Beehive-Frisur.

B: Das Ende 1982 erschienene Aalbum des US-amerikanischen Sängers Michael Jackson „Thriller" bricht 1983 alle Rekorde. Mit diesem Album avanciert er zum weltweit kommerziell erfolgreichsten Popsänger der 1980er Jahre.

C: Zu einem Verkaufshit modernen Designs entwickelt sich die Neuheit der Schweizer Uhrenindustrie, die „Swatch". Die Entdeckung des billigen aber farbenfrohen Kunststoffs für die Armbanduhr löst einen Boom in der gesamten Branche aus.

D: Mit vier Oscars wird der US-Film „E.T. - Der Außerirdische" bedacht. Der Kassenschlager spielt einen Gewinn von 187 Mio. USD ein.

E: Am 27. April flimmert die erste Folge des „Denver-Clan" über den Bildschirm. In den USA läuft die Seifenoper um den Ölmagnaten Blake Carrington und seine intrigante Familie unter dem Titel „Dynasty" schon seit 1981.

Musik im Jahr 1983

Im Jahr 1983 gibt es Interessantes aus der Musikbranche. Kennen Sie die Antworten?

1. Wie viele der neun Songs auf dem Album "Thriller" hat Michael Jackson selbst geschrieben?

- **A** keinen
- **B** vier
- **C** alle neun

2. Welcher westdeutsche Interpret darf am 25. Oktober 1983 im Palast der Republik in Ost-Berlin ein Konzert geben?

- **A** Peter Schilling
- **B** Klaus Lage
- **C** Udo Lindenberg

3. Von welcher deutschen Gruppe stammt das Lied: "Da da da - ich lieb' dich nicht, du liebst mich nicht"?

- **A** Spliff
- **B** Geier Sturzflug
- **C** Trio

Lösung auf der nächsten Seite

Musik im Jahr 1983 - Antworten

1. Wie viele der neun Songs auf dem Album "Thriller" hat Michael Jackson selbst geschrieben?

B: Von den neun Titeln auf dem Album wurden **vier Stücke** von Jackson geschrieben. Es werden sieben Singles ausgekoppelt, die alle die Top 10 der Billboard Hot 100 erreichen; zwei davon, *„Billie Jean“* und *„Beat It“* sogar die Spitze der Charts. Den Link und QR-Code zum 850 Millionen Mal (!) gestreamten Video von „Thriller“ gibt es hier: **https://bit.ly/michael-1983**

2. Welcher westdeutsche Interpret darf am 25. Oktober 1983 im Palast der Republik in Ost-Berlin ein Konzert geben?

C: Udo Lindenberg darf mit seinem Palastorchester 20 Minuten auftreten.

3. Von welcher deutschen Gruppe stammt das Lied: "Da da da - ich lieb dich nicht, du liebst mich nicht"?

C: Trio. Das rund 75-minütige Live-Konzert von Trio vom 2. Februar 1982 in der Hamburger Markthalle ist auf Youtube zu sehen. Hier der QR-Code und Link dazu: **https://bit.ly/trio-1982**

1983 als Kreuzworträtsel

1. Oscar Film; 2. Geländegängiges Fahrrad; 3. US-TV-Serie; 4. Deutsche Comic-Figur; 5. Verpackungskünstler; 6. Erfolgreichstes Musikalbum; 7. Nachname deutscher Rockmusiker; 8. Musik-Gymnastik, 9. Uhren-Neuheit; 10. Nachname erster Deutscher im All; 11. Punkfrisur; 12. Nachname Träger Friedensnobelpreis; 13. Beliebtester Mädchen-Vorname; 14. Chin. Sternzeichen; 15. Hauptdarsteller in „Der Name der Rose" *(Lösung S.68)*

1993 - als Sie 30 Jahre alt waren - im Überblick

Im September 1993 kommt es zu einem historischen **Händedruck** zwischen dem israelischen Ministerpräsidenten **Yitzhak Rabin** und dem Führer der palästinensischen Befreiungsfront, **Jasir Arafat**, dessen darauffolgendes Abkommen den Palästinensern in den besetzten Gebieten weitgehende Autonomie gewährt.

Für ihre Verdienste um die friedliche Beendigung des Apartheid-Regimes werden **Nelson Mandela** und **Frederik Willem de Klerk** mit dem **Friedensnobelpreis** ausgezeichnet.

Das Verfahren gegen **Erich Honecker** wegen der Todesschüsse an der Mauer wird im Januar aus gesundheitlichen Gründen eingestellt.

Mit **Franziska von Almsick** und **Henry Maske** hat Deutschland zwei neue Sportidole. Die 15-jährige Schwimmerin holt sich bei den Europameisterschaften sechs Goldmedaillen. Der Profiboxer und „Gentleman im Ring" gewinnt im März den Weltmeistertitel im Halbschwergewicht.

Zum Wort des Jahres gewählt wird: **Sozialabbau**

Wortsuche zum Jahr 1993

1993 ist ein bewegtes Jahr. Suchen Sie die folgenden Stichwörter zum Jahr 1993 unten (Leserichtungen von oben nach unten und von links nach rechts).

Arafat	**Haendedruck**
Autonomie	**Mandela**
Honecker	**Almsick**
Maske	**Sozialabbau**

F U
F L
V L M T
B E Z O
I W R O V E
A E G K D S
B A A R A F A T
P U E H C M V R
P M T Z A E A F J Q
U S O C H I N I T S
F U P N B B T D Z A X U
V O C O E R O E A Z R F
G D Q G M N W L L H R Y O I
T F R I I R H H A R K S X L
Z J D X I E A S A L M S I C K E
O B K M B S K H G P A H S R F A
M T E P I V L M A S K E H B A A R R
D V B S O Z I A L A B B A U G T K O
Z S Y Z K A X M H O N E C K E R M C M V
W H Q H A E N D E D R U C K F X J E Q U

Auflösung auf Seite 68

Als Sie 30 Jahre alt waren
Die Mode im Jahr 1993

Hier ein Text zur Mode des Jahres 1983. Ergänzen Sie die Lücken mit den richtigen Worten:

Die Jugendmode setzt auf Neo-Hippie: Wadenlange Schlabber-Kleider, psychedelische ______, ______- muster und die wiederentdeckten ________-sohlenschuhe, sowie __________ -freie Häkelwestchen, kurze ________ mit überlangen Ärmeln oder weite Hängerchen und _________ -hosen. Diese sind im Gegensatz zu den _____ Jahren Jersey-Leggings. Den 90er Jahren entsprechen Tätowierungen am _______ oder kleine Ringe am ________. Allgemein erweist sich die Jugend als äußerst ________-bewusst. Wer nicht die Kleidung einer bestimmten, oft teuren ______ trägt, gilt leicht als Außenseiter. Bei fast allen Altersstufen hat sich der sog. ______-look durchgesetzt: „Layering" ist eine neue Form der altmodischen Schichtkleidung. Layers werden nun so __________ getragen, dass das kürzeste und _______ Teil zuoberst getragen wird. *(Lösung S.68)*

Das Jahr 1993 in Bildern

Welche Ereignisse aus dem Jahr 1993 sind hier abgebildet? *(Lösung auf der nächsten Seite)*

Das Jahr 1993 in Bildern - Auflösung

A: Für viele ist „Und täglich grüßt das Murmeltier“ aus 1993 ein Lieblingsfilm. Eine Komödie, ein Fantasy-Film, eine Romanze und eine moralische Fabel, in der ein zynischer Mann von den Beschränkungen, die sein Leben prägen, erlöst wird.

B: Das Privatleben der britischen Königsfamilie liefert der Boulevardpresse des Landes wieder Schlagzeilen. Ein Sprecher des britischen Königshauses gibt bekannt, dass Prinz Andrew und seine Frau Sarah, Herzogin von York, nunmehr auch offiziell getrennt sind.

C: Am 17. Dezember ist es soweit. 18.20 Uhr, Rathaus Leimen, ein 18.000-Seelen-Ort bei Heidelberg. Oberbürgermeister Herbert Ehrbar fragt im großen Spiegelsaal, und die Verlobten Barbara Feltus (27) und Boris Becker (26) antworten: „Ja - ich will.“

D: König Albert II. folgt seinem älteren Bruder Baudouin, der kinderlos verstorben war, auf den Thron und leistet am 9. August 1993 den Eid als sechster König der Belgier aus dem Haus Sachsen-Coburg und Gotha.

E: Zu den Publikumserfolgen 1993 zählt die von RTL ausgestrahlte Sendung „Traumhochzeit“ mit Linda de Mol. Mit witzigen Heiratsanträgen und romantischen Liebesduetten konkurrieren drei Paare darum, noch in der Sendung heiraten zu dürfen.

Musik im Jahr 1993

Aus dem Jahr 1993 stammen viele heute noch gern gehörte Songs. Wissen Sie noch, was musikalisch 1993 abging?

1. Welcher Song war 1993 nicht in den deutschen Charts?

- **A** What is Love, von Haddaway
- **B** Supergirl, von Reamonn
- **C** Living on my own, von Freddie Mercury

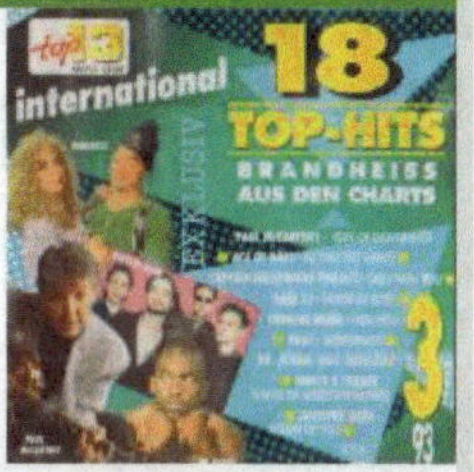

2. Welcher Superstar ist 1993 geboren?

- **A** Christina Aguilera
- **B** Cindy Lauper
- **C** Whitney Houston

3. Welches Lied von Eric Clapton wurde 1993 zum besten Song gewählt und mit einem Grammy belohnt?

- **A** Layla
- **B** Tears in heaven
- **C** Wonderful tonight

Lösung auf nächster Seite

Musik im Jahr 1993 - Anworten

1. Welcher Song war 1993 nicht in den deutschen Charts?

B: Der Song **„Supergirl"** von Reamonn stammt aus dem Jahr 2000.

2. Welcher Superstar ist 1993 geboren?

C: Whitney Houston wird am 9. August 1963 in Newark, New Jersey (USA) geboren. *Christina Aguilera* ist am 18. Dezember 1980 und *Cindy Lauper* am 22. Juni 1953 geboren. Der Song *„I will always love you"* ist Whitney Houstons größter Hit und geht 1993 durch die Decke. Er wurde schon über 1,2 Milliarden Mal (!) auf Youtube aufgerufen. Hier der Link und QR-Code dazu:

https://bit.ly/whitney-superhit

3. Welches Lied von Eric Clapton wurde 1993 zum besten Song gewählt und mit einem Grammy belohnt?

B: Sechs Grammys für Eric Clapton. Zum besten Song des Jahres wird Claptons ***„Tears in heaven"*** gewählt, in dem der Rockstar den Tod seines vierjährigen Sohns verarbeitet. Eric Claptons Album *„Greatest Hits"* aus 2017 ist auf Youtube zu sehen. Hier der QR-Code und Link dazu:

https://bit.ly/eric-clapton-hits

1993 als Kreuzworträtsel

1. Nachname US-Supermodel; 2. Tierischer Hauptdarsteller in US-Komödie; 3. Nachname deutsche Eisschnellläuferin; 4. Modemarke mit provokanter Werbung; 5. Größtes Museum der Welt; 6. Nachname Sängerin mit Jahrhundertstimme; 7. Nachname Deutscher Tennisprofi der heiratet; 8. Spitzname deutsche Erfolgs-Schwimmerin; 9. Nachname 6-facher Grammy-Gewinner; 10. Spiel des Jahres; 11. Austragungsort Olympia 2000; 12. Nachname Träger Friedensnobelpreis; 13. Nachname 42. US-Präsident; 14. Beliebtester Mädchenname; 15. Chin. Sternzeichen *(Lösung auf Seite 69)*

2003 – als Sie 40 Jahre alt waren – im Überblick

Europa rückt zusammen: Im April werden in Athen die Aufnahmeverträge mit jenen zehn Staaten unterzeichnet, die zum 1. Mai 2004 in die Europäische Union aufgenommen werden.

Der Supersommer 2003 bringt Rekordumsätze bei Eis und Getränken, volle Freibäder und laue Sommernächte in Serie aufgrund wochenlang hoher Temperaturen.

Die Fans des Zauberlehrlings Harry Potter erfreuen sich an den neuen Abenteuern im „Orden des Phönix" und die Freunde von „Der Herr der Ringe" erfahren, wie sich der Hobbit Frodo im Kampf gegen das Böse schlägt.

Im TV machen die Talentshow „Deutschland sucht den Superstar" und sog. Ostalgieshows, in denen der Alltag in der DDR rückblickend gewürdigt wird, von sich reden.

Die deutschen Fußballfrauen werden Fußball-Weltmeister und Roger Federer erweist sich als neuer Stern am Tennishimmel. Rennfahrer Michael Schuhmacher stellt einen Rekord auf: Zum sechsten Mal wird er Weltmeister in der Formel 1 und überholt damit den legendären Juan Manuel Fangio.

Wortsuche zum Jahr 2003

In Ihrem 40. Geburtsjahr ist viel passiert. Suchen Sie die folgenden Wörter zum Jahr 2003 unten (Leserichtungen von oben nach unten und von links nach rechts).

Europa
Potter
Talentshow
Schuhmacher
Supersommer
Zauberlehrling
Federer
Weltmeister

J	Z	K	N	K	B	U	R	U	V	E	X	W	F	E	D	E	R	E	R
O	G	P	K	D	N	U	D	T	B	A	A	E	H	O	R	O	T	Z	L
B	M	M	X	G	B	J	U	V	V	H	V	L	Z	B	B	K	U	M	T
Y	D	H	I	T	Z	C	H	F	V	E	I	T	W	W	C	L	Z	C	I
B	I	U	U	A	T	D	Q	P	P	W	C	M	W	C	L	D	A	L	L
T	R	V	Q	L	J	V	U	M	P	Z	F	E	V	N	L	X	U	J	V
I	Y	D	X	E	I	Z	F	E	J	S	B	I	X	V	P	U	B	Z	W
W	M	N	L	N	H	Z	M	H	Q	U	L	S	L	A	I	C	E	K	L
B	B	Z	B	T	G	R	S	D	K	P	I	T	Y	S	N	Q	R	E	Q
C	S	R	B	S	C	O	I	I	G	E	X	E	J	T	Z	L	L	J	J
R	X	R	Q	H	V	V	U	G	E	R	M	R	B	H	G	A	E	H	A
S	U	N	O	O	M	U	X	V	C	S	Q	T	R	M	Z	D	H	E	G
X	E	E	E	W	L	D	M	X	K	O	O	P	G	B	L	V	R	U	J
Y	C	O	J	O	R	M	B	A	V	M	X	O	B	U	F	M	L	R	Y
I	O	J	K	S	D	U	D	O	K	M	M	T	A	C	U	S	I	O	V
M	S	K	H	L	P	F	F	V	F	E	J	T	G	M	Z	X	N	P	K
Y	A	Z	U	S	H	Y	C	J	D	R	J	E	B	U	U	X	G	A	S
H	Q	R	U	U	Z	M	Q	X	Y	C	O	R	D	X	R	C	A	B	E
V	V	S	P	E	S	C	H	U	H	M	A	C	H	E	R	E	H	X	U
T	A	E	V	Y	W	B	R	P	P	U	S	Q	S	I	D	Z	A	X	H

Auflösung auf Seite 69

Als Sie 40 Jahre alt waren
Die Mode im Jahr 2003

Unten ein Text zur Mode im Jahr 2003. Ergänzen Sie die leeren Zeilen mit den richtigen Worten:

2003 werden in der Mode unterschiedlichste _______ nach Inspirationen durchforstet und rekultiviert. So finden die _____ mit Kostümen und Mänteln in betont geometrischer Schnittführung wieder Gefallen bei den ______ . Gleichzeitig erleben die _____ Jahre mit maxilangen Mänteln, breiten _____ und Revers, die _____ mit ______ hosen sowie Hahnentritt-, Pepita- und Karo-Mustern ein Comeback. Bei den Accessoires haben breite _____, die lässig auf den Hüften ruhen, das Sagen. Im Sommer trägt man _____, im Winter Felltaschen, vor allem mit runden Bambus- und ____ griffen wie in den ______ Jahren. Die einst billigen Zehenschlappen, die _____, sind ebenfalls zur Designersache geworden und in allen erdenklichen Farben und _______ auf dem Markt. *(Lösung Seite 69)*

Das Jahr 2003 in Bildern

Welche Ereignisse aus dem Jahr 2003 sind hier abgebildet? *(Lösung auf der nächsten Seite)*

A

B

C

D

E

Das Jahr 2003 in Bildern - Auflösung

A: Im Portland Hospital in London bringt das deutsche Top-Model Claudia Schiffer ihren ersten Sohn zur Welt. Der 3.170 g schwere Bub wird per Kaiserschnitt geboren.

B: Paulo Coelho veröffentlicht seinen Roman „Der Alchimist". Das Buch geht 27 Millionen Mal über die Ladentheke und wurde in 81 Sprachen übersetzt.

C: Die Stadt München verbietet die umstrittene Leichenausstellung „Körperwelten" des deutschen Anatomen Gunther von Hagens.

D: Kiefer Sutherland ist das Gesicht der amerikanischen Serie „24 - Twenty Four", die 2003 im deutschen TV läuft. In den USA erntete die Echtzeit-Serie mit dem pseudo-dokumentarischen Konzept im Jahr 2002 zwei Emmy-Fernsehpreise und einen Golden Globe.

E: 2003 erscheint der erste Teil der Filmreihe „Fluch der Karibik" (Pirates of the Caribbean) in den Kinos. Die Handlung: Hufschmied Will Turner (Orlando Bloom) liebt die Gouverneurstochter Elizabeth Swann (Keira Knightley) seit seiner Kindheit. Als sie von Captain Barbossa (Geoffrey Rush) entführt wird, zögert Will keine Sekunde mit dem Beginn der Befreiungsaktion.

Musik im Jahr 2003

Im Jahr 2003 gab es tolle Musik, neue Musik-TV-Formate und Preise für deutsche Musiker. Können Sie sich noch erinnern?

1. Welchen Musikpreis bekommt Herbert Grönemeyer 2003 verliehen?

- **A** Echo
- **B** Grammy
- **C** MTV-Award

2. Welche Sendung gilt als Pate für die erstmals 2003 ausgestrahlte Talentshow "DSDS"?

- **A** Die britische TV-Show "Pop-Idol"
- **B** Die US-Show "American Idol"
- **C** Die französische Show "Nouvelle Star"

3. Welcher Hit stammt nicht aus dem Jahr 2003?

- **A** "Aicha" von Outlandish
- **B** "White Flag" von Dido
- **C** "Geboren um zu Leben" von Unheilig

Lösung auf nächster Seite

Musik im Jahr 2003 - Antworten

1. Welchen Musikpreis bekommt Herbert Grönemeyer 2003 verliehen?

A: Grönemeyer gewinnt zwei **Echo-Preise** als bester deutscher Rock- und Popkünstler sowie für seine Single „Mensch", mit der er im September des Vorjahres nach vierjähriger Platten-Pause ein Comeback feierte.

2. Welche Sendung gilt als Pate für die erstmals 2003 ausgestrahlte Talentshow "DSDS"?

A: Die britische TV-Show **„Pop Idol"** stand Pate für den Wettbewerb, für den sich für die erste Ausgabe 2003 10.077 Nachwuchskünstler meldeten. Aus ihnen traf eine Jury rund um Dieter Bohlen eine Vorauswahl. Sieger des ersten Gesangs-Marathons war Alexander Klaws. Beim Televoting setzt sich der 19-Jährige gegen die 22-jährige Musical-Darstellerin Juliette Schoppmann aus Stade durch.

3. Welcher Hit stammt nicht aus dem Jahr 2003?

C: Der Song **„Geboren um zu Leben"** von Unheilig ist aus dem Jahr 2010. Den Link bzw. QR-Code zu einem 10-minütigen Youtube-Medley der 100 Top-Songs aus 2003 gibt es hier:

https://bit.ly/songs-2003

2003 als Kreuzworträtsel

1. Nachname „Sexiest Woman Alive"; 2. Nachname Modeikone; 3. Nachname deutsches Top-Model; 4. Roman von Paul Coelho; 5. Umstrittene Leichenausstellung; 6. Tanzveranstaltung in Berlin; 7. Nachname Schauspieler Jack Sparrow; 8. Vorname Jurymitglied DSDS; 9. Sieger Song Contest (Land); 10. Nachname fünffacher Grammy-Gewinnerin; 11. Kultgetränk bei Jugendlichen; 12. Beliebtester Mädchenvorname; 13. Bezeichung chin. „Astronaut"; 14. Vorname 2-facher Echo Gewinner; 15. Chin. Tierkreiszeichen *(Lösung auf Seite 69)*

2013 – als Sie 50 Jahre alt waren – im Überblick

2013 schreckt der NSA-Skandal viele Menschen auf. Whistle-Blower Edward Snowden enthüllt geheime Dokumente über Lauschaktionen der US-Geheimdienste auch gegenüber Freunden und Verbündeten.

Kanzlerin Angela Merkel feiert einen Wahlsieg, muss sich aber zum Regieren einen neuen Partner suchen, da die FDP erstmals seit 1949 nicht im Bundestag vertreten ist.

Einen Führungswechsel hingegen erlebt die katholische Kirche. Benedikt XVI. tritt zurück, ihm folgt ein Argentinier, Papst Franziskus.

Ende des Jahres trauert die Welt um den Überwinder der Apartheid in Südafrika, Nelson Mandela.

Großbritannien jubelt: Nach zehnstündigen Wehen bringt Herzogin Catherine von Cambridge in einem Londoner Krankenhaus einen Sohn zur Welt.

In Berlin eröffnet ein begehbares Barbie Dreamhouse, das den Fans der Barbie-Puppe Einblicke in Barbies Welt ermöglicht.

Wortsuche zum Jahr 2013

Das Jahr 2013 hat vieles gebracht. Suchen Sie die folgenden Wörter zum Jahr 2013 unten (Leserichtungen von oben nach unten und von links nach rechts).

Whistleblower	Snowden
Merkel	FDP
Franziskus	Barbie
Catherine	Mandela

							E	J	K	J	F	D							
					J	S	U	U	Z	B	K	R	R	Y					
			B	P	S	O	E	T	X	V	B	L	N	P	F	B			
		Y	U	R	V	Y	C	M	V	M	S	K	C	B	A	U	W		
		D	D	D	W	Y	L	S	L	O	P	E	D	R	W	G	Z		
	O	M	O	I	W	A	G	V	P	V	Y	A	M	B	S	S	N	Y	
	W	E	P	J	P	F	W	F	A	Y	M	A	N	D	E	L	A	J	
Q	M	R	X	I	A	G	Q	C	E	K	Y	M	V	N	P	H	W	M	E
Y	K	K	F	O	S	R	K	G	A	K	X	X	I	B	V	E	N	W	U
V	V	E	F	R	A	N	Z	I	S	K	U	S	M	A	M	Q	V	G	M
Q	L	L	O	O	N	C	R	A	J	G	W	S	D	R	H	T	E	I	N
T	N	Q	D	U	I	M	I	M	M	P	C	T	X	B	O	V	L	H	I
T	M	S	D	V	Y	F	C	W	L	H	F	D	P	I	S	J	E	A	E
	L	T	W	H	I	S	T	L	E	B	L	O	W	E	R	Z	D	H	
	G	X	C	A	Q	D	K	R	G	K	Y	I	I	Z	T	B	V	T	
		V	J	U	S	L	I	G	X	S	N	O	W	D	E	N	R		
		U	X	X	N	X	W	G	W	I	N	I	N	X	B	G	M		
			S	C	A	T	H	E	R	I	N	E	Y	T	R	H			
					C	N	S	T	C	F	U	X	V	L					
							L	N	A	B	B	G							

Auflösung auf Seite 70

Als Sie 50 Jahre alt waren
Die Mode im Jahr 2013

Lesen Sie den Text zum Modejahr 2013 und ergänzen Sie die leeren Zeilen mit den richtigen Worten:

2003 bestimmen wuchtige Mäntel, breite ______, Tweed- und Anzugstoffe das Bild. Ungeachtet der Bedenken von _______ setzt die Modebranche voll auf _____, ob als Kappe, Besatz oder ganzes Stück. Gern wird Gegensätzliches miteinander _______. So zeigt Isabel Marant Boots und Nietengürtel zum Flatterkleid und Saint Laurent kombiniert Lederminis mit Glitzernetz-_______. Bei den Farben ist ______ _____ erlaubt, von Blau, Grün, Rot und Gelb bis zu grellen _____-Tönen, aber auch Rosa, gern kombiniert mit Braun oder ____.
(Lösung Seite 70)

Das Jahr 2013 in Bildern

Welche Ereignisse aus dem Jahr 2013 sind hier abgebildet? *(Lösung auf der nächsten Seite)*

A

B

C

D

E

Das Jahr 2013 in Bildern - Auflösung

A: Papst Benedikt tritt als Kirchenoberhaupt zurück. Bild: Zwei Tage nach der Ankündigung seines Rücktritts hält er am Aschermittwoch im Petersdom eine Messe.

B: Am 6. Mai beginnt der Prozess um die Verbrechen des „Nationalsozialistischen Untergrunds" (NSU). Bild: Beate Zschäpe wird ins Gefängnis geführt.

C: Edward Snowden enthüllt geheime US-Informationen. Bild: Unterstützungsplakat für den früheren US-Geheimdienstmitarbeiter in der City von Hongkong, der ersten Etappe seiner Flucht.

D: Bundeskanzlerin Merkel und die Unionsparteien sind die eindeutigen Sieger bei der Bundestagswahl am 22. September.

E: Jubel in Großbritannien. Herzogin Catherine bringt einen Sohn zur Welt. Bild: Kate und William mit dem Neugeborenen vor dem Londoner Krankenhaus.

Musik im Jahr 2013

Das Musikjahr 2013 war ein bewegtes Jahr. Können Sie sich noch erinnern? *(Lösung auf der nächsten Seite)*

1. Welcher Song stammt nicht aus dem Jahr 2013?

A "Radioactive" von den Imagine Dragons

B "Bilder im Kopf" von Sido

C "Und wenn ein Lied" von Söhne Mannheims

2. Wer gewann 2013 den Grammy für die beste Single des Jahres?

A "Wake me up" von Avicii

B "Scream & Shout" von will.i.am featering Britney Spears

C "Somebody that I used to know" von Gotye featuring Kimbra

3. Wer gewann 2013 den Eurovision Song Contest?

A Emmelie de Forest mit "Only Teardrops" für Dänemark

B Alexander Rybak mit "Fairytale" für Norwegen

C Conchita Wurst mit "Rise like a Phoenix" für Österreich

EUROVISION
SONG CONTEST
MALMÖ 2013

Musik im Jahr 2013 - Antworten

1. Welcher Song stammt nicht aus dem Jahr 2013?

C: Der Song **„Und wenn ein Lied"** von Söhne Mannheim stammt aus dem Jahr 2005. Den Link bzw. QR-Code zu einem fast 5 Mio. Mal geklickten, 4-minütigen Youtube-Medley der Top-Songs 2013, interpretiert von Kurt Hugo Schneider, gibt es hier:

https://bit.ly/hits-2013

2. Wer gewann 2013 den Grammy für die beste Single des Jahres?

C: „Somebody that I used to know" Das Lied wurde bereits 2011 von dem belgisch-australischen Sänger Gotye veröffentlicht. Es wurde zusammen mit der neuseeländischen Sängerin Kimbra aufgenommen. Der Song wurde 2013 mit zwei Grammys ausgezeichnet (Record of the Year und Best Pop Duo/Group Performance). Bis Ende 2012 wurden weltweit 11,8 Millionen digitale Exemplare des Songs verkauft.

3. Wer gewann 2013 den Eurovision Song Contest?

A: Die 20-jährige Emmelie de Forest gewinnt mit „Only Teardrops" für Dänemark. Alexander Rybak gewinnt mit „Fairytale" im Jahr 2009 und Conchita Wurst gewinnt 2014.

Auflösungen

Das Jahr 1963

Ermordung; Kennedy; Entspannung; Chruschtschow; Berlin; Berliner; Adenauer; Wirtschaftswachstum; Verkürzungen; Erhöhungen; Eiskunstlaufen; Bäumler; Bundesliga; Posträuber

Kinostars

A: Elisabeth Taylor in „Cleopatra“
B: Margaret Rutherford in „Der Wachsblumenstrauß“
C: Audrey Hephurn in „Charade“
D: Sophia Loren in „Yesterday, Tomorrow and Today
E: Brigitte Bardot in „Die Verachtung“
F: Claudia Cardinale in „Achteinhalb“

Mode im Jahr 1963

Pariser; Couture; Modeschöpfer; Taillenlose; Saint Laurent; Bohan; Sackkleider; Accessoirs; Weiß; Perlon; durchlässig; waschen; bügelfrei

Kreuzworträtsel 1963

1. Onassis; 2. Beatles; 3. Kennedy; 4. Quinn; 5. Lingen; 6. DieVoegel; 7. Bigamie; 8. sechzig; 9. Cleopatra; 10. Soraya; 11. Grass; 12. Warentest; 13. Sabine; 14. Sinatra; 15. Hase

Wortsuche prominente Geburtstage 1963

Karl Lauterbach, deutscher Politiker, geb. am 21.02.1963
Markus Wasmeier, ehem. deutscher Skirennläufer und Olympiasieger, geb. am 09.09.1963
Brad Pitt, US- Schauspieler, geb. am 18.12.1963
Eros Ramazzotti, italienischer Pop-Sänger, geb. am 28.10.1963
Whitney Houston, US- Sängerin, 09.08.1963
Helen Hunt, US- Schauspielerin, 15.06.1963

Buchstabensalat Vornamen

1. Sabine / 2. Susanne / 3. Andrea / 4. Birgit / 5. Petra / 6. Martina / 7. Heike / 8. Claudia / 9. Gabriele / 10. Christine

Finden Sie den Ausweg

Die Lösungswörter auf dem Weg zum Ausgang sind: Jahrgang 1963

Wortsuche zum Jahr 1973

Als Sie 10 Jahre alt waren. Die Mode im Jahr 1973

Minimode; pants; Bein; Knie; bequem; Pumps; Plateau; Hose; ausgestellt; Bordeauxrot; kombinierbar

Kreuzworträtsel 1973

1. Heidiklum; 2. Sesamstrasse; 3. Cluever; 4. Momo; 5. Gustav; 6. Exorzist; 7. Nicole; 8. Minirock; 9. Bueffel; 10. Sonnenfinsternis; 11. Kissinger; 12. Marlonbrando; 13. Avocado

Wortsuche zum Jahr 1983

Als Sie 20 Jahre alt waren. Die Mode im Jahr 1983

Schultern; Schulter; Figur; Nieren; Stretch; Pelz; Nerz; Grau; Weiß; kurze; Strähne; George; Nacken

Kreuzworträtsel 1983

1. Gandhi; 2. Mountainbike; 3. Denverclan; 4. Werner; 5. Christo; 6. Thriller; 7. Lindenberg; 8. Aerobic; 9. Swatch; 10. Merbold; 11. Irokese; 12. Walesa; 13. Stefanie; 14. Schwein; 15.Connery

Auflösung: Wortsuche zum Jahr 1993

Als Sie 30 Jahre alt waren. Die Mode im Jahr 1993

Farben; Blumen-; Plateau-; bauchnabel; Pullover; Trompeten-; 70er; Oberarm; Bauchnabel; marken-; Marke; Lagen-; übereinander; engste

Kreuzworträtsel 1993

1. Crawford; 2. Murmeltier; 3. Niemann; 4. Benetton; 5. Louvre; 6: Houston; 7. Becker; 8. Franzi; 9. Clapton; 10. Bluff; 11. Syndey; 12. Mandela; 13. Clinton; 14. Lisa; 15. Hahn

Wortsuche zum Jahr 2003

Als Sie 40 Jahre alt waren. Die Mode im Jahr 2003

Jahrzehnte; Sixties; Designern; 70er; Kragen; 80er; Pagen-; Gürtel; Holz-; 1950er; Flip Flops; Mustern;

Kreuzworträtsel 2003

1. Berry; 2. Lagerfeld; 3. Schiffer; 4. Alchimist; 5. Koerperwelten; 6. Loveparade; 7. Depp; 8. Dieter; 9. Tuerkei; 10. Jones; 11. Alcopop; 12. Anna; 13. Taikonaut; 14. Herbert; 15. Ziege

Wortsuche zum Jahr 2013

Als Sie 50 Jahre alt waren. Die Mode im Jahr 2013

Schultern; Tierschützern; Pelz; kombiniert; -strümpfen; praktisch alles; Neon-; Grau

Bildverzeichnis und Links

alamy; bigstock; canto; gettyimages; okapia; pixxio; pixabay; shutterstock; stokpic. Trotz größter Sorgfalt konnten die Urheber nicht in allen Fällen ermittelt werden. Es wird gegebenenfalls um Mitteilung gebeten.

Wir bitten um Verständnis, dass wir keinen Einfluss darauf haben, wie lange die externen Links (z.B. Youtube-Videos) abrufbar sind. Es besteht keinerlei wirtschaftliche oder sonstige Verbindung zu eventuell eingespielter Werbung vor den Videos. Cartoons: Nadja Kühnlieb

Impressum

Autorin: Nadja Kühnlieb

www.verlagmensch.com / info@verlagmensch.com
Dr. Roman Feßler LL.M.
6900 Bregenz - Österreich, Bregenzer Straße 64
Umschlaggestaltung: Ingeborg Helzle Grafikdesign
Covermotiv: Alamy

1. Auflage 2023

Als Geburtstagsbüchlein für Frauen sind auch erschienen:

Als Serie Geburtstagsbücher für Männer sind zudem erschienen:

Alle Jahrgänge enthalten Download-Material zum jeweiligen Geburtsjahr.
Alle Geburtstagsbücher sind exklusiv auf Amazon erhältlich.

Psychologische Ratgeber des Verlags

Dr. Beate Guldenschuh-Feßler

Jeden Tag glücklich!

Positive Psychologie für mehr Glück & Lebensfreude

Exklusiv auf Amazon.
Der Link zum Buch:
bit.ly/Jeden-Tag-glücklich

Auf 425 Seiten erhalten Sie 199 Praxistipps und Übungen von der erfahrenen Diplom-Psychologin und Verhaltenstherapeutin zur Erhöhung Ihres persönlichen Glückniveaus.

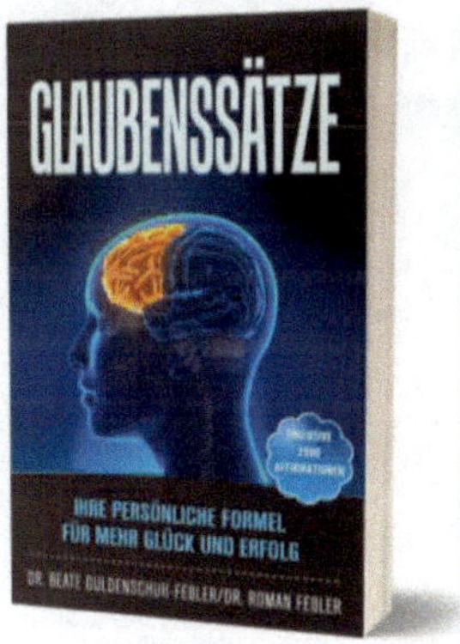

Dr. Beate Guldenschuh-Feßler

Glaubenssätze

Ihre persönliche Formel für mehr Glück und Erfolg. Inklusive 2.000 Affirmationen

Der Link zum Buch:
bit.ly/Buch-Glaubenssätze

Identifizieren Sie Ihre einschränkenden Glaubenssätze und erfahren Sie, wie Sie mit positiven Affirmationen glücklicher und erfolgreicher werden.

Dr. Beate Guldenschuh-Feßler

Das große Tagebuch der Dankbarkeit

Studien beweisen, dass ein Dankbarkeitstagebuch unser Glücksniveau steigern und Geist und Körper positiv beeinflussen kann.

Der Link zum Buch:
bit.ly/dankbares-leben

Neben ausreichend Platz für Ihre Tagebucheintragungen erhalten Sie psychologisches Hintergrundwissen, Tipps und Übungen zum Thema Dankbarkeit.

Dr. Beate Guldenschuh-Feßler

Grimms Märchen für mehr Selbstbewusstsein, Mut & Hilfsbereitschaft

11 Tugenden zur Persönlichkeitsentwicklung psychologisch aufbereitet.

Der Link zum Kinderbuch:
https://amzn.to/3N5GaQh

Vermitteln Sie anhand von Grimms Märchen Werte, die für Kinder von besonderer Bedeutung sind. Mit Ausmalbildern und Hörbuch für Kinder ab 4 Jahren.

Printed in Poland
by Amazon Fulfillment
Poland Sp. z o.o., Wrocław

14717423R00047